Democracia!

PHILIP BUNTING

Tradução: Lígia Azevedo

Um manual sobre o poder do povo.
Descubra o que define a democracia
e por que a sua voz importa.

BRINQUE·BOOK

Copyright do texto e das ilustrações © 2023 by Philip Bunting

Publicado originalmente na Austrália em 2023 por Little Hare Books, um selo da Hardie Grant Children's Publishing.

A Hardie Grant gostaria de expressar seu reconhecimento aos povos originários da terra na qual ela está sediada e prestar reverência ao povo Wurundjeri, da nação Kulin, e ao povo Gadigal, da nação Eora, extensiva aos seus descendentes.

Esta edição foi publicada mediante acordo com a Ute Körner Literary Agent.

Grafia atualizada segundo o Acordo Ortográfico da Língua Portuguesa de 1990, que entrou em vigor no Brasil em 2009.

Título original: *Democracy!*

Revisão técnica: Maria Raquel Apolinário

Revisão: Fernanda França e Adriana Moreira Pedro

Composição: Mauricio Nisi Gonçalves

Dados Internacionais de Catalogação na Publicação (CIP)
(Câmara Brasileira do Livro, SP, Brasil)

Bunting, Philip
    Democracia! / Philip Bunting ; ilustrações do autor ; tradução Lígia Azevedo. — 1ª ed. — São Paulo : Brinque-Book, 2024.

    Título original: Democracy!
    ISBN 978-65-5654-082-5

    1. Democracia — Literatura infantojuvenil I. Título.

23-186709   CDD-028.5

Índices para catálogo sistemático:
1. Literatura infantil 028.5
2. Literatura infantojuvenil 028.5

Eliane de Freitas Leite — Bibliotecária — CRB-8/8415

Todos os direitos desta edição reservados à
BRINQUE-BOOK EDITORA DE LIVROS LTDA.
Rua Bandeira Paulista, 702, cj. 72C
04532-002 – São Paulo – SP – Brasil
☎ (11) 3707-3500
🌐 www.companhiadasletras.com.br/brinquebook
🌐 www.blogdaletrinhas.com.br
f /brinquebook
@brinquebook

A marca FSC® é a garantia de que a madeira utilizada na fabricação do papel deste livro provêm de florestas que foram gerenciadas de maneira ambientalmente correta, socialmente justa e economicamente viável, além de outras fontes de origem controlada.

Esta obra foi composta em Apercu e French Fries e impressa pela Gráfica Santa Marta em ofsete sobre papel Alta Alvura da Suzano S.A. para a Editora Brinque-Book em março de 2024

PARA STEPH
ü

UM AGRADECIMENTO ESPECIAL A STEPHANIE SMITH PELAS IDEIAS, INSPIRAÇÃO E MOTIVAÇÃO
QUE DERAM ORIGEM A ESTE LIVRO.

O que é democracia?

Quando, em uma comunidade, a voz de todos tem o mesmo peso nas questões que envolvem a vida coletiva, dizemos que se trata de uma democracia. Em uma democracia, as pessoas não seguem as ordens de um governante autoritário. Elas criam suas próprias regras e tomam suas próprias decisões. O povo governa a si mesmo.

Em uma democracia ideal, cada pessoa desempenha um papel para garantir que seu cantinho do mundo seja um lugar bom para viver. Todos são tratados da mesma maneira, todos têm seu lugar, todos importam, e a voz de todos tem o mesmo peso.

A democracia é uma ideia poderosa, mas também delicada. Ela é um pouco parecida com uma planta que foi semeada muito tempo atrás.

Desde então, cada nova geração deve ajudar a cultivar e a proteger essa planta, para que cresça e para que possamos todos desfrutar dela e colher seus frutos generosos.

Em seu desenvolvimento, a democracia incorporou novas ideias e formas, adaptando-se para atender às necessidades de cada lugar e cada época. A democracia trabalha para oferecer ao povo (ou seja, a você e a mim) inúmeros benefícios, como:

Paz
A voz de cada pessoa tem o mesmo peso no modo como o grupo é governado, assim, todos têm voz. Quando há justiça, há menos motivos para brigar.

Igualdade
Quando somos todos tratados como iguais, valores como respeito e tolerância são promovidos e ninguém é deixado para trás.

Direitos
A democracia trabalha para garantir que todos sejam livres para pensar e se expressar, para que tenham direitos fundamentais, como educação e serviços de saúde, e possam viver em liberdade e segurança.

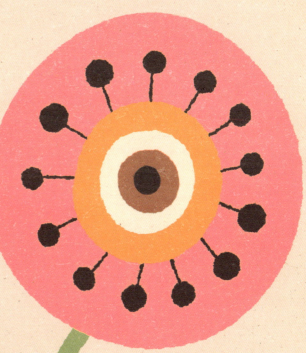

Liberdade
Em uma democracia, todo mundo é livre para viver como quiser, desde que não fira os direitos dos outros nem cause danos a eles (liberdade não significa se ver livre das consequências dos atos cometidos).

Segurança
Na democracia, os representantes do povo criam leis, ou seja, um conjunto de regras que todos devem respeitar. As leis ajudam a garantir justiça e segurança para todos.

Voz
O povo sabe que cada indivíduo tem o poder de promover mudanças em uma democracia. A voz de todos tem o mesmo peso, e o que dizemos importa.

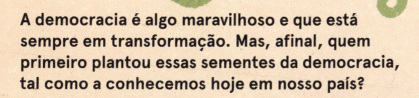

A democracia é algo maravilhoso e que está sempre em transformação. Mas, afinal, quem primeiro plantou essas sementes da democracia, tal como a conhecemos hoje em nosso país?

Atenas
A primeira democracia

Depois de milênios de governos de reis e tiranos, as primeiras sementes da democracia foram plantadas cerca de 2500 anos atrás, na cidade-Estado de Atenas, na Grécia. Decisões que afetavam a vida passaram a ser tomadas diretamente pelos cidadãos. Essa foi uma grande mudança.

As cédulas antigas
As principais decisões que diziam respeito à vida em Atenas eram tomadas em uma assembleia, a chamada *Eclésia*. Na assembleia, todos os cidadãos tinham direito à palavra e ao voto. As cédulas utilizadas para registrar os votos consistiam em pedaços de pedra ou de porcelana pintada.

O poder do povo
A palavra "democracia" tem origem no grego antigo. Junta duas palavras: *demos* (subdivisão territorial e a comunidade que lá reside) e *kratos* (que significa "poder").

Nada de kratos pra você! Ou você. Ou você...
Embora a democracia ateniense tenha sido um grande avanço em relação ao que tinha existido antes, ela estava longe de ser perfeita. Para fazer parte da assembleia de cidadãos, por exemplo, era preciso ser ateniense, homem livre e proprietário de terras. Mulheres, escravizados e estrangeiros não tinham direito à cidadania.

O poder do povo
Uma breve história da nossa democracia

Depois de criar raízes em Atenas, a democracia foi modificada e adaptada por vários povos até chegar aos sistemas atuais, em que muito mais pessoas têm voz.

Atenas
Uns 2500 anos atrás (cerca de 500 a.C.)
A democracia começa a brotar na Grécia Antiga.

Os vikings
Cerca de 1000 anos atrás (por volta do ano 1000)
Os vikings eram um povo de navegadores, guerreiros e comerciantes que habitavam as terras escandinavas. Eles realizavam grandes reuniões anuais chamadas Ting, em que as disputas eram debatidas e resolvidas por um legislador. Não se tratava de uma sociedade democrática, porém ela era um pouco mais justa do que a maioria das sociedades europeias da época.

Roma
Uns 2300 anos atrás (cerca de 300 a.C.)
Incialmente, de forma parecida com a Grécia Antiga, era preciso ser homem, livre e grande proprietário de terras para participar da vida política na Roma Antiga. Por volta de 300 a.C., os plebeus (pequenos proprietários, artesãos e comerciantes) também conquistaram cidadania.

Idade Média
1500-500 anos atrás (cerca de 500-1500 d.C.)
Depois da queda do Império Romano do Ocidente (476 d.C.), o poder na maior parte da Europa foi, ao longo dos anos, se concentrando nas mãos de senhores locais, que eram a autoridade maior em suas terras. A democracia foi praticamente esquecida. A figura do rei existia, mas não conseguia competir com o poder dos senhores feudais.

Carta Magna
Cerca de 800 anos atrás (1215)
O documento chamado Carta Magna estabeleceu que o rei da Inglaterra (um cara chamado João) devia seguir as mesmas leis que os demais cidadãos livres ingleses. A Carta Magna deu origem à monarquia parlamentar inglesa, sistema de governo em que o Parlamento limita os poderes do rei.

A independência dos Estados Unidos
Cerca de 250 anos atrás (1776)
As treze colônias inglesas da América do Norte foram pioneiras na conquista da independência no continente americano. As ideias democráticas que serviram de base para a sua independência e para a fundação dos Estados Unidos em geral foram introduzidas na América por colonos que visitavam a Europa e lá entravam em contato com ideias de liberdade e de luta contra a tirania dos reis.

"De muitos, um."

Sufrágio feminino
Pouco tempo atrás
Em 1893, a Nova Zelândia se tornou o primeiro país do mundo a estender o direito de voto às mulheres, independentemente de sua origem ou posição social. Até aquele momento, as mulheres não tinham direito a participar das decisões que diziam respeito ao funcionamento do seu país. No Brasil, as mulheres só conquistaram o direito ao voto em 1932.

Hoje
Agora mesmo!
Mais de metade dos países do mundo vivem sob um sistema democrático, e muitos outros estão trabalhando para alcançar esse objetivo. Contudo, há ainda um punhado de países que permanecem sob regimes ditatoriais ou semiditatoriais.

Revolução Francesa
Cerca de 230 anos atrás
Em 1789, uma revolução uniu ricos industriais, comerciantes, artesãos, camponeses e operários, todos cansados da tirania do rei Luís XVI, e derrubou o seu governo na França. Três anos depois, os revolucionários proclamaram a república no país. A experiência francesa deu um grande impulso para a democracia moderna, que daí se espalharia pelo mundo.

Mais pessoas, mais poder
Muito recentemente
No Brasil e em outros países do Ocidente, os povos indígenas só conquistaram muito recentemente o direito a votar e a se candidatar a cargos políticos. Os povos originários da Austrália, por exemplo, só tiveram garantido o direito ao voto em 1962. No Brasil, os povos originários passaram a ter direito de votar e serem votados apenas com a aprovação da Constituição Federal de 1988.

Amanhã
E depois de amanhã...
A democracia é um trabalho sempre em andamento. Cabe a todos nós cultivar as melhores ideias das gerações que nos antecederam para que ela continue crescendo e se aperfeiçoando.

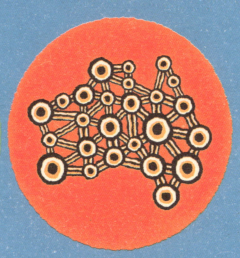

Democracia moderna
Quem estabelece as regras?

Em uma democracia, as leis, a aplicação do dinheiro público, o funcionamento da saúde e da educação, entre outros assuntos, devem ser definidos pelo povo. No entanto, como inúmeras decisões complexas devem ser tomadas a cada dia, elegemos governos e parlamentares que tomam essas decisões em nosso nome.

No Brasil, parlamentares (vereadores, deputados e senadores) são eleitos com a função de elaborar leis de interesse para o município, o estado ou o país. Já os governos (prefeitos, governadores e presidente da república) têm a tarefa de propor e executar leis para garantir que todos vivam em segurança, sejam tratados de maneira justa, tenham comida e água, um lugar para morar, uma escola onde estudar... e muito mais.

O governo é importante
O bolo da democracia

Em geral, há três níveis de governo, e cabe a cada um deles tomar decisões em nome dos cidadãos que representa. Vamos imaginar que esse bolo delicioso é um país.

Governo nacional
O governo nacional toma decisões relacionadas àquilo que afeta o bolo (país) inteiro. Por exemplo: moeda, correios, legislação trabalhista, comércio com outras nações, imigração, defesa e muito mais.

Governo estadual
Cada fatia do país (cada estado) tem seu próprio governo. Ele toma decisões relacionadas ao que afeta apenas as pessoas naquela parte do país, como hospitais, escolas, transporte público, rodovias, serviços de emergência e muitas outras coisas.

Governo local
Cada estado tem muitas partes menores, como as cidades, com governo próprio. Os governos locais tomam decisões sobre questões importantes para as pessoas daquela região. Por exemplo, no que diz respeito a bibliotecas, semáforos e placas de rua, parques, coleta de lixo, registro de animais domésticos, pavimentação das ruas, e por aí vai...

Nham, democracia!

No Brasil, há assuntos que são de responsabilidade dos três níveis de governo. Por exemplo, a administração da saúde depende de verbas federais, estaduais e municipais. Podemos dizer, então, que essas três partes do bolo têm uma relação de interdependência. Em todos os níveis, o governo é melhor quando reflete as necessidades, os sentimentos e os valores das pessoas que o colocaram no poder.

Escolhendo um governo
Como as eleições funcionam

Quer busquemos um líder local para consertar o parquinho do bairro ou um presidente que promova a preservação do meio ambiente, escolhemos nossos representantes por meio de um processo democrático chamado "eleição".

1 Candidatos
Em geral, escolhemos o governo entre dois ou mais partidos políticos. Cada um desses partidos seleciona um candidato que falará em nome dele. Cada candidato faz promessas apontando o que fará caso ganhe a eleição. No processo, os candidatos procuram explanar suas promessas (ou plano de governo) do modo mais claro possível, para que as pessoas possam decidir em quem votar.

2 Mídia
A TV, a internet, o rádio, os jornais e podcasts mantêm as pessoas informadas sobre o que cada candidato prometeu fazer caso seja eleito.

3 O povo vota!
Todos os governos democráticos são colocados no poder pelo povo. Todo cidadão adulto tem direito a um voto.

4 Os votos são contados
Dependendo do número de eleitores, a contagem dos votos pode levar dias, semanas ou até mesmo meses! No caso do Brasil, que faz uso de urnas eletrônicas, o resultado costuma sair algumas horas depois de encerrada a votação. Há muitos sistemas democráticos no mundo, porém o vencedor da eleição costuma ser o candidato que recebe a maioria dos votos.

5 O vencedor!
Depois de tomar posse no cargo, o vencedor precisa tomar as melhores decisões em nome do povo. Caso contrário, na eleição seguinte, os eleitores talvez não votem nele.

Outros regimes de governo
Quais são as alternativas à democracia?

Está parecendo que a democracia dá trabalho demais? Eis alguns exemplos de sistemas diferentes...

Ditadura
Governos ditatoriais existem tanto em monarquias quanto em repúblicas. Por exemplo, na Arábia Saudita, que adota o regime monárquico, o rei tem poderes absolutos e não há um Parlamento que limite o poder do governante. O mesmo acontece na Coreia do Norte, que é um país republicano. Ali, o presidente não é eleito pelo povo. O poder é hereditário, ou seja, passa de pai para filho. E a oposição política é fortemente reprimida.

Oligarquia
Na oligarquia, um pequeno grupo de indivíduos ricos e poderosos se une para controlar o povo. Nessa forma de governo, o poder, a liberdade e o dinheiro pertencem aos governantes. Oligarquias muitas vezes *fingem* ser democracias (por exemplo, manipulando as eleições) para enganar as pessoas. O Brasil teve essa forma de governo no início do período republicano.

Totalitarismo

Governos totalitários restringem *totalmente* a liberdade de seus cidadãos usando de violência, censura e pressão psicológica. Governos totalitários controlam todas as liberdades individuais: dizem ao povo exatamente em que acreditar, como pensar e se comportar. Não há liberdade individual no Estado totalitário. O nazismo, na Alemanha, e o stalinismo, na antiga União Soviética, foram exemplos de regimes totalitários.

Anarquismo

Essa não é exatamente uma forma de governo, e sim o oposto. O anarquismo vê o Estado e o governo em suas formas atuais como desnecessários e até prejudiciais. O anarquismo não consiste em promover o caos, mas uma espécie de democracia voluntária e cooperativa, livre da regulação do Estado e das leis.

Como...
Usar sua voz

Embora apenas os adultos possam votar nas eleições de um país, há muitas maneiras de participar desde já. Prepare-se para falar e usar sua voz para ajudar a promover uma mudança positiva no seu cantinho do mundo.

1 Use sua voz: Seja ativo!

Faça perguntas

Um ativista é alguém que usa sua voz para defender algo em que acredita. Qualquer pessoa pode ser uma ativista. Ativistas muitas vezes defendem a igualdade entre as pessoas ou uma causa negligenciada pelos governantes. A forma mais simples de ativismo é fazer perguntas — na escola, em casa ou onde quer que você esteja.

Protesto pacífico

Ativistas podem promover mudanças escrevendo e-mails ou cartas para as pessoas no poder, apoiando uma causa ou participando de protestos nas ruas. Em uma democracia, todo mundo tem o direito de protestar. Protestar é manifestar a discordância de alguma situação por meio de palavras e ações. Protestos podem ajudar a criar leis que tornem a sociedade mais igualitária.

Agentes de mudanças

Na história recente, protestos pacíficos levaram, em alguns casos, a conquistas no campo dos direitos para mulheres, por exemplo, e até mesmo à independência de países do domínio colonial estrangeiro. Desde 2018, engajando-se no movimento Greve Escolar pelo Clima, crianças do mundo todo protestam de maneira pacífica contra a falta de ação de seus governos em relação à crise climática.

Como...
Fazer um cartaz de protesto

Palavras e ideias são as ferramentas mais poderosas que temos. Caso você escolha participar de um protesto pacífico, pode fazer um cartaz para amplificar a sua voz.

Você vai precisar de:

 Cartolina

 Lápis

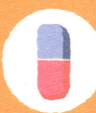 Borracha (para garantir)

 Canetinha ou tinta

 Tubo de papelão (ou pedaço de madeira)

 Fita adesiva

Passo a passo:

❶ O que você diz

Pense no que você quer dizer. Qual é a mensagem que deseja passar? Contra o que vai protestar? Certifique-se de que sua mensagem esteja em harmonia com a causa que está apoiando.

❷ Como você diz

Pense nas palavras que vai usar para transmitir sua mensagem. Frases curtas, fortes e que ficam na cabeça costumam funcionar melhor. Faça uma pesquisa em bibliotecas e na internet para decidir a melhor maneira de expressar o que você quer.

❸ Faça um esboço

Escreva suas palavras em uma cartolina, deixando-as tão claras e legíveis quanto possível. Leve em conta que alguém do outro lado da rua deve conseguir ler seu cartaz.

❹ Chame a atenção!

Pinte as palavras, faça desenhos. Use cores contrastantes (por exemplo, letras brancas em fundo preto, ou azuis em amarelo) para garantir que o cartaz possa ser lido a distância.

❺ Providencie um cabo

Quando a tinta secar, vire o cartaz e cole com fita adesiva o tubo de papelão (ou pedaço de madeira) no verso da cartolina. Protestos costumam acontecer ao ar livre, por isso o cartaz e o cabo devem ser resistentes.

❻ Use sua voz!

Vá para a rua e deixe que o mundo leia sua mensagem e ouça sua voz. Em uma democracia ideal, sua voz é tão importante quanto a de qualquer outra pessoa. Respeite sempre os outros pontos de vista e esteja pronto para discutir suas ideias.

② Use sua voz:
Fale para ser ouvido!

Quer você esteja falando com colegas de classe ou com o presidente, o *que* diz e *como* diz têm um enorme impacto no que a outra pessoa ouve. Através de uma boa conversa, sua voz tem o poder de gerar mudanças. Eis algumas dicas rápidas de como transmitir melhor suas ideias.

Dois ouvidos, uma boca

Procure ouvir duas vezes mais do que você fala. É importante ouvir antes de falar. Quando todos ouvimos, a opinião de todos tem impacto. A liberdade de expressão permite que boas ideias floresçam.

Você e suas ideias são coisas diferentes

Você sempre será você, mas suas ideias vêm e vão à medida que você vai crescendo. Isso vale para todas as pessoas.

Concisão, sinceridade e clareza

Seja o mais breve, sincero e claro possível ao falar. Evite mencionar coisas que não são importantes de fato. Assim, quando falar, terá uma chance maior de ser ouvido.

Não sei

Tudo bem você não ter opinião sobre algo, principalmente se não conhece o assunto a fundo. Tudo bem mudar de opinião sobre um tema. À medida que crescemos, aprendemos; à medida que vivemos, crescemos.

Linguagem corporal

Seja respeitoso também com o corpo durante a conversa. Tente não erguer o dedo caso esteja com raiva e não recorra a ações violentas como bater na mesa. Procure olhar para o outro enquanto ele fala. Tente imaginar como os outros o veem e estabeleça uma conexão pacífica e respeitosa entre dois iguais.

Respeito

Se você não concorda com alguém, não seja grosseiro e não fique bravo. Em um debate respeitoso, as partes tentam compreender o ponto de vista de cada uma e buscam chegar a uma solução. Às vezes, um bom debate leva a um meio-termo — quando duas ideias se encontram em algum ponto do caminho.

Opiniões e fatos

Reserve um bom tempo para de fato aprender sobre um assunto antes de falar sobre ele. Opinião é que nem boca, todo mundo tem, então se certifique de que o que você vai dizer é mais do que um ponto de vista desinformado. Baseie sua opinião em fatos — coisas que você sabe que aconteceram ou têm base científica

Converse de verdade

Pense na pessoa com quem está falando. De onde ela tira suas informações? Por que diz o que diz? Ela pode estar distorcendo a verdade? Busque provas e evidências. Faça perguntas e discuta todas as ideias abertamente, ainda que sejam um pouco diferentes umas das outras.

3 Use sua voz: Conecte-se com o mundo!

A rede democrática

Temos muita coisa a aprender sobre este mundo maravilhoso, e a internet já disponibiliza conhecimento para uma grande parcela da população mundial. No estágio em que essa tecnologia se encontra atualmente, o desafio é ampliar seu alcance e fazer com que informações e conhecimentos cheguem a todos os habitantes do planeta, não importa quem sejam ou onde morem. Nesse sentido, a internet poderá vir a ser uma rede verdadeiramente democrática.

A mídia

Veículos de comunicação, jornalistas e repórteres nos ajudam a nos manter informados sobre o que acontece no mundo e no governo: as decisões que estão sendo tomadas, quem disse o quê. No entanto, assim como as pessoas, todas as organizações midiáticas têm um lado a defender. Lembre-se de que elas podem escolher o que dizer em vez de apenas relatar os fatos.

Comece algo!

Com a ajuda de um adulto de confiança, é possível fazer sua voz ser ouvida através da mídia. Você pode produzir um boletim informativo e enviá-lo a pessoas que também se importam com as mesmas questões que você. Pode formar um grupo ou montar um blog, produzir um podcast, criar um jornal na escola.

Como...
Garantir a segurança na internet

Lembre-se de falar com um adulto responsável antes de mergulhar na internet! E siga essas diretrizes básicas para se manter longe de problemas no ciberespaço.

❶ Nada pessoal
Não forneça informações pessoais como nome, endereço, escola, data de nascimento ou número de telefone.

❷ Não se arrisque
Não combine de se encontrar nem mande fotos para pessoas que você não conhece no mundo real (ou em quem não confia).

❸ Senhas protegidas
Só você e seus responsáveis devem saber suas senhas — não as compartilhe com mais ninguém.

❹ Peça permissão
Sempre fale com seus pais ou com um adulto responsável antes de fazer login, se inscrever ou baixar o que quer que seja.

❺ Avise
Se você vir alguma coisa de que não gosta na internet, não reaja: vá falar com um adulto de confiança imediatamente.

❻ Supervisão
Como na vida real, é melhor ter sempre um adulto por perto quando for se divertir na internet.

❼ Fique alerta
Na internet, muitas vezes as coisas não são o que parecem — manifeste-se com cautela em conversas, publicações e comentários.

❽ Sem prazo de validade
Lembre-se de que tudo o que você coloca na internet (textos, imagens, vídeos e áudios) pode permanecer ali pelo resto da sua vida.

❾ Privacidade
Peça a um adulto responsável para garantir que todas as suas contas sejam privadas, para que apenas pessoas em quem você confia possam entrar em contato.

④ Use sua voz: Promova a mudança!

O que você mudaria?

Você consegue pensar em algo que gostaria de mudar em sua escola, em sua cidade ou até mesmo em seu país? Se você vive em um país democrático, tem liberdade para pensar nessas mudanças, falar a respeito delas e até agir para fazê-las acontecer. Chamamos o que você quer mudar de "sua causa".

Sua causa importa

Sua causa pode ser nacional — você pode, por exemplo, manifestar sua discordância de um governo que permite que as florestas do país continuem sendo derrubadas e que minas de carvão continuem sendo abertas, causando impactos ambientais e contribuindo para o aquecimento global.

Ou sua causa pode ser local — por exemplo, se o parque do seu bairro não tem banheiro público e as crianças andam fazendo xixi atrás das árvores.

Uma ferramenta para a mudança

Um abaixo-assinado é o poder do povo em ação e uma tentativa de fazer sua voz ser ouvida pelo governo. Trata-se de um pedido formal de mudança, e as pessoas criam abaixo-assinados diariamente para apoiar causas em que acreditam. Em geral, um abaixo--assinado é um formulário (em papel ou na internet) assinado pelas pessoas que apoiam determinada causa.

Como...
Fazer um abaixo-assinado

Abaixo-assinados são uma maneira de conseguir apoio para uma causa. Com a ajuda de um adulto, você pode criar o seu!

❶ Escolha
Escolha sua causa. Depois escolha um tipo de abaixo-assinado: on-line ou físico. Abaixo-assinados em papel tendem a funcionar melhor para causas locais, e abaixo-assinados na internet são melhores para causas de maior alcance.

❷ Crie
Há muitas maneiras de fazer isso. Peça a um adulto para ajudar você a começar um abaixo-assinado em um site especializado, ou crie e imprima na escola ou em casa um modelo para um abaixo-assinado em papel.

❸ Colete
Quando estiver pronto — e com a ajuda de um adulto —, comece a reunir assinaturas de pessoas que acreditam na mesma causa. Assinaturas digitais podem ser coletadas através de e-mail ou redes sociais.

❹ Persista!
Quanto mais pessoas assinarem, maior a probabilidade de mudanças. Um abaixo-assinado on-line pode ser amplamente compartilhado nas redes sociais, enquanto um abaixo-assinado em papel pode ganhar apoio local bem depressa.

❺ Encerre
Quando tiver reunido o máximo de assinaturas possível, chegou a hora de mandar o abaixo-assinado a quem está no poder ou a um membro do governo. Essa pessoa deve avaliar seu abaixo-assinado e informar você se a iniciativa deu resultado.

31

5 Use sua voz:
O poder do povo no dia a dia

A democracia começa e termina com atos diários de gentileza entre pessoas que se tratam como iguais. Eis aqui algumas maneiras simples de tornar sua vida cotidiana mais democrática e deixar seu cantinho do mundo ligeiramente melhor do que agora.

❶ Gentileza acima de tudo
Respeite e trate todo mundo como igual. Viemos todos do mesmo lugar e somos feitos da mesma matéria. Ninguém é melhor ou pior do que ninguém.

❷ Comece algo
Junte-se com as pessoas à sua volta para promover mudanças. Construa uma comunidade através da mídia ou proponha e reivindique uma melhoria em seu bairro, por exemplo, mediante um abaixo-assinado ou um protesto pacífico.

❸ Quem? O quê? Quando?
Sempre faça perguntas para se manter informado. Pesquise em fontes confiáveis, leia e estude. Quanto mais você souber sobre seu cantinho do mundo, maiores as chances de tornar as coisas melhores para as pessoas à sua volta.

❹ Contribua para o bem
Quando todos fazemos nossa parte pelo bem maior, todos ganhamos. Experimente desenhar algo simpático com giz na calçada para alegrar o dia de alguém.

❺ Pense muito antes de falar
Você é livre para falar o que pensa, mas deve estar pronto para explicar suas ideias quando questionado. Nossas ideias funcionam melhor quando entendemos *por que* funcionam.

6 Ouça mais
A melhor maneira de distinguir as ideias que funcionam das que não funcionam é através da conversa, do diálogo. Respeite a liberdade de expressão mesmo quando não concorda com o que está ouvindo.

7 Pense no outro
Cada um de nós parte de um ponto diferente na vida, e alguns têm muito mais sorte que outros. Sua voz deve ajudar aqueles que mais precisam de ajuda.

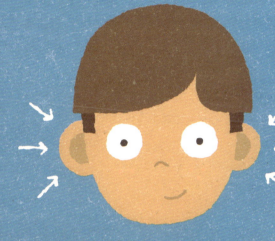

8 Jogue limpo
Quando as regras são justas, faça o seu melhor para segui-las. A vida é muito mais divertida quando todo mundo conhece as regras e se esforça para respeitá-las. Mas quando elas não são justas, lute para mudá-las.

9 Busque a verdade
Na internet, pense em quem está falando com você e em por que aquela pessoa está dizendo o que está dizendo. Onde é que ela se informa? De onde está tirando as informações? Antes de aceitar as informações que ouve ou lê, procure verificar se elas se baseiam em evidências ou na verdade.

10 Use sua voz
É preciso coragem para defender aquilo em que se acredita. No entanto, quando você está bem-informado e compreende suas opiniões, vai acreditar em si mesmo. Seja valente e use sua voz para ajudar as pessoas à sua volta.

A democracia talvez seja a ideia mais poderosa que nós, humanos, já tivemos. No entanto, democracias são delicadas. Temos que nos esforçar muito para que elas se mantenham e cresçam.

É uma enorme sorte viver em uma democracia. Muito da segurança e da relativa paz que se desfruta nesse tipo de sociedade se deve a essa ideia original: *demos kratos*.

Agora é hora de você e eu cultivarmos nossa democracia e ajudá-la a crescer para atender às necessidades de hoje (e de amanhã). Cabe a nós garantir que o poder permaneça com o povo nessa e nas futuras gerações.

Esta obra não tem pretensões didáticas. Ela busca incitar sua curiosidade para que você procure saber mais sobre cidadania, política, história, jardinagem e... bem, o que mais você quiser investigar e aprender sobre nós, enquanto membros da sociedade, e nossas responsabilidades para com ela, ou mesmo sobre outras sociedades democráticas, outros sistemas de governo e outros tipos de semente.

*

Na escrita deste livro, tive *muita* dificuldade de definir o verdadeiro espírito da democracia. *Demos kratos* e "poder do povo" são expressões maravilhosas, mas acredito que a verdadeira essência da democracia se expressa antes em ações que em palavras. Sinto que agir com empatia, responsabilidade e gentileza, procurando sempre aprender e buscar informações para fazer a coisa certa, é a melhor maneira de viver e fazer valer o ideal democrático.

PHILIP BUNTING

SOBRE O AUTOR E ILUSTRADOR

Philip Bunting cresceu na Inglaterra, mas mudou-se para a Austrália com vinte e poucos anos. O autor e ilustrador publicou seu primeiro livro em 2017. Hoje, tem obras traduzidas para diversos idiomas e publicadas em mais de trinta países. Muitas delas receberam premiações de instituições do livro, como a Kate Greenaway Medal, da Inglaterra, e o Children's Book Council, da Austrália. Bunting acredita que, quanto mais divertidas forem as leituras da primeira infância, maiores serão as chances de a criança desenvolver suas habilidades leitoras para, no futuro, encarar a leitura e o aprendizado como atividades prazerosas e significativas.

SOBRE A TRADUTORA

Lígia Azevedo tirou seu título de eleitor aos dezesseis anos e adora exercer seu direito democrático de votar. Ela é formada em Jornalismo pela Universidade de São Paulo, pós-graduada em Língua Inglesa e Literaturas pela Universidade Presbiteriana Mackenzie e estudou edição de livros na Espanha, com bolsa da Fundación Carolina. Traduziu mais de oitenta livros, incluindo *Malala: Minha história em defesa dos direitos das meninas* (Seguinte), de Malala Yousafzai, e *Ninguém é pequeno demais para fazer a diferença* (Companhia das Letrinhas), de Greta Thunberg.

Leia também: